Jürgen Volbracht
Das, was ich Gedichte nenn ...
Volligedichte

Jürgen Volbracht

Das, was ich Gedichte nenn ...

Volligedichte

Bibliografische Information der Deutschen
Nationalbibliothek:
Die Deutsche Nationalbibliothek verzeichnet diese
Publikation in der Deutschen Nationalbibliografie;
detaillierte bibliografische Daten sind im Internet über
http://dnb.dnb.de abrufbar.

© 2018 Jürgen Volbracht
Satz, Umschlaggestaltung, Herstellung und Verlag:
BoD – Books on Demand
ISBN: 978-3-7357-1549-4

Seit mehr als vierzig Jahren nennen meine Freunde mich liebevoll Volli. Meine Gedichte hätten ohne sie nicht entstehen können. Aber natürlich auch nicht ohne mich. Also Gedichte von, für, über, mit Volli – Volligedichte eben.

Vorwort

Liebe Leserin,
lieber Leser,

als ich Ende der 70er Jahre des letzten Jahrhunderts anfing, kurze Texte aufzuschreiben, denen ich die äußere Form von »Gedichten« gab, war der Anlass wie so oft eine von vornherein zum Scheitern verurteilte Liebesbeziehung. Außerdem hatte ich in den Jahren zuvor eine Liebe zu den Gedichten der echten und wahren Dichter des 20. Jahrhunderts entwickelt und diese Gedichte »verschlungen«.

Es waren Gedichte von Benn, Brecht, Else Lasker-Schüler, Kästner, Tucholsky und jemand, der mich in den damals wilden politischen Zeiten auch persönlich auf mehreren Lesungen sehr beeindruckt hatte, Erich Fried.

Ohne dass ich ernsthaft der Auffassung war, plötzlich ein »Dichter« zu sein, hat es mir Spaß gemacht, wenigstens so zu tun. Ich habe diese Texte zu allen möglichen Gelegenheiten und nahezu überall zunächst handschriftlich verfasst und sie später auf meiner alten Olympia-Schreibmaschine geschrieben, um sie dann noch später kopiert an Freunde zu verschenken.

Immer, wenn ich eine gewisse Anzahl geschrieben hatte, habe ich sie dann zusammengestellt und, »Nummer 2 und 3« bereits in einem Copyshop gebunden, erneut an die Freunde verschenkt. Mit diesem Buch lege ich nun diese bis circa 1984 entstandenen Texte wieder vor. Ich habe dabei die damals von mir rein emotional gewählte orthografische Form beibehalten, mir jedoch erlaubt, die mir heute zu banal erscheinenden Texte nicht noch einmal zu veröffentlichen.

Es würde mich freuen, wenn wenigstens das ein oder andere der kleinen »Gedichte« Ihr Herz erreicht.

Jürgen Volbracht

**GEDANKEN
AUFSCHREIBEN
… WAR DIE IDEE**

Geliebt werden wollen

und andere Probleme

geliebt werden wollen
geliebt werden wo
geliebt werden
geliebt wer
geliebt
  liebt!

geliebt werden wollen …

Der Anruf

sie wollte schreiben
doch ich konnte nicht warten
was sollte sie schreiben?
Ich will dich, sollte sie schreiben

nur dich
ich konnte nicht warten
die Nummer hatte ich
doch die Hände zitterten
spannendes Gerede
sie sagt nicht viel
ich sag: ich will dich
sie sagt: tue das nicht
mein Magen schmerzt
ich erwarte ihren Brief
doch ich weiß, was drinsteht

Freunde

Haben wollen viele
sein schon viele weniger
und doch ist das eine
ohne das andere nicht möglich
das heißt also auch
viele weniger sind Freunde
als wir wollen
doch wenn wenige
uns gern Freund sind
so ist dies viel mehr
als viele Freunde haben
die eigentlich nur
uns
als Freund
haben wollen

Ich bin nicht die richtige
für dich
sagt sie mit tiefen ernsten
augen
nicht die richtige sein
was heißt das denn
ist es nicht richtig
wenn ich ihr lachen gerne höre
es mir mut macht
ist es nicht richtig
dass ihre nähe
mich intensiver leben lässt
ist es nicht richtig
wenn ihre lebendigen augen
in dem oft eher blassen gesicht
mit der kecken spitzen nase
mich dem sinn des lebens so viel
näher bringen
als bibliotheken voll philosophie
sie wäre schon die richtige für mich
es macht mich wütend
dass wir nie gelernt haben
ganz
ehrlich zu sein
warum hat sie nicht gesagt
du bist nicht der richtige
für mich

lieben

sehen und fühlen
riechen und spüren
schmecken und tasten
schwitzen und zittern
verzerrte Gesichter
Erregung lässt wachsen
Spannung will sich lösen
Innigste Nähe
Gefühl ersetzt die Welt
Entspannung lässt lächeln
Zärtlich schauen sie sich an

Zusammenleben

Konglomerat von Gefühlen
Zusammenlieben
Zusammenleiden
Zusammenhassen
Zusammenbegehren
zusammen aber nur
als Anspruch
jeweils angenommen
zu werden

Er war eher
sie kannte ihn schon länger
doch sie traf auch den anderen
sie liebe hier und dort
sagte sie
es kam zum Streit
sie blieb beim Ersten
denn er war eher
sagte sie
und der andere frug
wie kann ich schneller
lieben
und ihn einholen

Ich kann nicht
eine schöne Frau
eine begehrenswerte Frau
ich will lieben
doch ich kann nicht
woher kommt die Angst
dass ich hassen könnte
wo ich lieben will?
Das macht mir neue Angst

Sie ist nicht da

ich sehe ihren körper
die festen weißen brüste
den schlanken braunen leib
die kleinen dunklen knospen
das aufregende haardreieck
ich sehe all dies
doch meine augen sind geschlossen
denn sie ist nicht da
mein körper beginnt den betrug zu
glauben
und erregt sich
ihr bild wird noch schöner
und langsam beginne ich
bald schneller werdend
bis mein becken zuckt
mein körper konnte glauben
sie wäre da gewesen
doch ich weiß
sie ist nicht da
und das war es
was fehlt

Hermann

heißt ihr neuer Freund
er treibt gerne Sport
so wie ich
trinkt davor Sprudel
anders als ich
hat volles Haar
so wie ich
hat bald einen Beruf
anders als ich
hat studiert
so wie ich
will bald heiraten
anders als ich
hat ein Auto
so wie ich
kann es sich leisten
anders als ich
er mag sie
so wie ich
er bleibt bei ihr
anders als ich
ich bin eifersüchtig
so verrückt kann wohl
nur ich sein

Hermann ist 2016 überraschend gestorben.

Verzeih

Die bewusste Distanz
schön verpackt in
ach so liebe Höflichkeiten
konditionierte Allgemeinplätze
Verzeih
dass ich nicht tat
was ich fühlte
meiner Freude Ausdruck zu geben
dich einfach in den Arm zu nehmen
oder wenigstens dir
mit lachenden Augen zu sagen
es ist schön
dich wiederzusehen
Verzeih
und versuch zu verstehen
es war die Angst vor mir
damit nicht fertigwerden
zu können
und die Unsicherheit
ob du an die Echtheit
glauben kannst
ich werde die Angst
zu bekämpfen versuchen
und wenn du ein wenig
glauben kannst
dann muss ich dich
nicht mehr bitten
Verzeih

Zwanzigtausendeinhundert- undsechzig Minuten

zwei Wochen habe ich
sie
beobachtet
groß schlank blond
einfallsreich angezogen
sie hatte mich spontan
fasziniert
unbedingt
musste ich mit ihr reden
hundertmal bin ich auf sie
zugegangen
lächelnd an ihr
vorbeigegangen
zwei Wochen sah ich
sie
in jeder Frau
zwanzigtausend
einhundertsechzig
Minuten
grübeln
wie geht's
vielleicht sollte ich
sie
zum Kaffee einladen
aber einfach so
geht nicht
oder sie einfach
anrempeln im Vorbeigehen

und dann
okay ich spinne
schreiben ja das könnte gehen
tagelang bin ich mit
dem Brief
auf sie zugegangen
lächelnd
an ihr vorbeigegangen
gestern habe ich ihn ihr
gegeben
hastig fast konspirativ
und mit rotem Kopf
davoneilend
heute schon erleichtert
frage ich was sie
dazu sagt
sie lächelt
du sagt sie
ich heirate nächsten Monat
und dann nur bla bla bla
ich höre nicht mehr genau zu
gehe nach einiger Zeit fort
plötzlich lache ich laut los
kann mich kaum wieder einkriegen
stütze mich gegen eine Scheibe
sehe mich darin
grinse mich an
das erste unverkrampfte
Gefühl seit
zwanzigtausend
einhundertsechzig Minuten

Geschwister

Toben und Schlagen
Lachen und Teilen
Eifersucht und Liebe
Stärke und Schwäche
gemeinsam zu leben
als Chance um zu lernen
Geschenk unserer Eltern
oft übersehen

ich liebe euch
die ihr mit mir lebt
euch an denen ich vorbeigehe
die ihr so geschäftig seid
euch die mich anlachen
auch euch die ihr mich
auslacht
manchmal sogar euch die ihr
mich hasst
denn ohne euch
würde ich nicht
wirklich leben

Meine Angst
zerfrisst meinen Magen
lässt meine Beine zittern
den Kopf sich wie im Schraubstock fühlen
Scheiß-Angst
wo kommst du her
was willst du mir sagen
wo ist was
falsch
in meinem Leben
ich will dich nicht
du lähmst mich
fängst mich
mein das Leben ein
es ist trotzdem einfacher
oft
sich dir hinzugeben
als
mit dir zu kämpfen
du bist einfach da
und kämpfen
ja
dazu muss
ich
von dir weggehen

doch dann wirst du
riesengroß
wehrst dich
versuchst mich zu halten
noch will ich kämpfen
und du wirst mich nicht
auf Dauer
halten können

Eine Woche leben

Sonntag
ist es Anfang oder Ende
selten jedenfalls ein Sonnentag
oft nicht einmal ein Feiertag
leben könnte man
wenn man nicht zu faul wäre
Montag
beginnt man den Alltag zu leben
also oft eher nicht zu leben
sondern gelebt zu werden
Dienstag
Mittwoch
ist dies Gewohnheit
Donnerstag
lässt die Kraft schon nach
doch die Hoffnung
am Wochenende zu leben
hilft durchzuhalten
auch
Freitag
Samstag endlich
ausruhen um leben zu können
dann ist
Sonntag
und eine Woche verlebt

Lernen

mir Fremdes pauken
lesen nicht verstehen
nochmals lesen
ärgern
wieder nicht verstehen
wütend werden
träumen
neuer Versuch
auch
wieder sich zu überlisten
non scholae sed vitae discimus
Zweifel kommen auf
welches Leben
lohnt dieses Lernen

Morgens in der Uni
es war schön am Abend
und es ist spät geworden
das Aufstehen fiel schwer
der Körper ist müde
der Verstand ist es
der treibt
denk an das Examen
lockt er
was lockt am Examen?
Anschließend das tun
zu müssen
wozu man sich jetzt
freiwillig zwingt?
absurd, und der Prof
ist zum Einschlafen langweilig
Das hätte man einfacher haben können

Prüfung

Wochenlang täglich an
nur einen Tag denken
an diesem Tag ist Prüfung
gelernte gelebte Wochen
sollen in Minuten
prämiert werden
Lebenszweck reduziert
auf die Fähigkeit
sich gut zu erinnern
die Möglichkeit
schwarz auf weiß
lesen zu müssen
ungenügend gelernt
und somit
gelebt zu haben
ist erdrückend
nur das Wissen
um die Perversion
Minuten so viel höher
als Wochen
zu gewichten
lässt uns die Prüfung
ertragen
in dem Bewusstsein
dass Prüfung
ein winziger Teil
des Lebens ist
und nicht umgekehrt

Ist das schön?

Ich
lebe
endlich!

Manchmal
wenn ich mich nicht allein fühle
manchmal
wenn ich am Schreibtisch sitze
und das Gelesene
meine Backen vor Erregung
glühen lässt
manchmal
wenn ich einfach nur weiß
warum ich wütend bin
manchmal
wenn ich auch fühle
was ich
denke
dann ja dann
glaube ich
leben lernen zu können

Frieden 81

Empirisch gesehen kaum vorhanden
Utopisch gesehen ein schwacher Trost
Historisch gesehen die einzige Chance
Ökonomisch gesehen nur begrenzt profitabel
Amerikanisch gesehen nicht so wichtig

Es geht nicht
300 000 in Bonn sagen sie wollen
Frieden
sie sind aus dem ganzen Land
dorthin gekommen
wo die Regierenden auch immer sagen
sie wollen den Frieden
doch die Regierenden wollen
den Frieden
nicht mit diesen 300 000
weil
so sagen sie
nicht geht was diese 300 000 wollen
diese 300 000 wollen den Frieden

nachrichten

Verstümmelte Körper
Deformierte Häuser
Geplünderte Kassen
Neurotische Politiker
Annektierte Länder
Zwei Kinder sind
gerettet worden
Ein Grund
zum Weiterleben

Adventszeit
konsumorientierte
befohlene
frommfröhliche
Jahresendzeit
mit Gefühlserlaubnis
brauchen wir wirklich
Millionenwerbung
festterminierte Zeiten
um zueinanderzukommen
zu geben
und mit
zu fühlen

Widersprüche

Frei sein wollen
und sich nach Bindung sehnen
Stark sein wollen
und Schwäche feststellen
Geliebt werden wollen
doch selbst nicht lieben
Sozial sein wollen
und Urlaub auf Krankenschein machen
Tolerant sein wollen
und den Türkenfreund der Tochter
aus dem Haus werfen
nicht die Gegensätze an sich
sind unser Problem
sondern unser Bestreben
beide Positionen
gleichzeitig
einnehmen zu wollen

Schweigen

einfach nur Ruhe
Ratlosigkeit
zu großes Glück
oder zu großer Schmerz
Angst zu sprechen
oder einfach Desinteresse
Schweigen kann mehr sagen
als lautes Schreien
aber man muss es verstehen

Schreiben
endlos erscheinende
kontrastreiche Linie
von Gefühl und Verstand
in ewigem Wettstreit
geschaffen
weder Form für das eine
noch Bild für das andere
sondern gemeinsames
Kunst-Werk

Blicke

scheue
versteckte
auffordernde
erwartende
hoffende
fragende
können sehr aufregend sein
doch leider oft auch sehr
missverständlich
es ist wie mit Vokabeln
einer fremden Sprache
man hört sie
aber versteht sie erst
wenn man die Sprache kennt

Kleinwerden

ich sitze auf einer Bank
und in meiner Nähe spielt ein Kind
mit einem für ihn riesigen Ball
einen Meter wegschubsen
hinterherlaufen
wieder wegschubsen
hinterherlaufen
minutenlang gleichbleibende
Faszination
diesmal rollt der Ball etwas weiter
direkt in ein Gebüsch
ich ahne es schon und tatsächlich
ein Dorn zersticht die Kunststoffhaut
in Sekunden fällt der gerade noch
so große Ball
in sich zusammen

mehr überrascht als traurig
schaut das Kind
auf die schrumpelige Kunststoffmasse
ich gehe hin und sage
ist nicht so schlimm
es ist nur die Luft raus
mit staunenden Augen schaut
es mich an und fragt dann
wirst du auch so klein
wenn aus dir die Luft raus ist
nun schaue ich wohl erstaunt
zögere einen Moment
und lächelnd aber nicht lustig
sage ich
ja ich glaube schon

Die Wahrheit
sollte man immer sagen
haben wir schon früh gelernt
doch fast genauso schnell
erfahren
dass oft keiner
die Wahrheit
hören will
wenn also keiner
die Wahrheit hören will
warum soll man dann
die Wahrheit sagen

warten
wissen das was kommt
wissen das was kommt?
Gedanken sind da
noch ruhig denkend in
Bahnen
die Gedanken werden schneller
versuchend
das Kommende anzutreiben
der Körper will entgegengehen
er vibriert
kreisende Gedanken zweifeln
quälend im Kreise
auszuhalten nur durch
die Hoffnung dass es doch kommt

Gedicht für Gesa

ihr Name ist außergewöhnlich
sagt sie selber
und wie sie es sagt
merkt man
dass es nicht nur ihr Name ist
wir sind Kollegen
ich Kollege
sie Kollegin
sie hat mir einen Gedichtband geliehen
von Ringelnatz
oh Ehrfurcht
dann hat sie mich gebeten
ich solle ein Gedicht schreiben
extra für sie
ich ein Gedicht
für jemanden der mir
Ringelnatz leiht
welch ein Anspruch
an mich
soll ich gar ähnlich

seinem Stil reimen
wie ist mir nicht klar
vielleicht
Kollegin zum Kollegen sprach
du dichtest was ich gerne mag
schreib ein paar Zeilen
nur für mich
so dies Gedicht
mein eigen ist
verzeih mir großer Ringelnatz
daran sieht man wie
überheblich
einen auch schon kleine Bitten
einer Frau machen können
ich seh schon Gesa
mit deinem Gedicht
wird's wohl nichts werden
das ist
wieder einmal
die Tragik des Lebens

Zwei Bäume

ich sitze im Auto
an einer Straßenkreuzung
in wenigen Minuten
fahren dutzende Autos
an mir vorbei
kleine große
langsame und hektische
blinkende rasende
dazwischen ab und zu
Menschen
sich dem Rhythmus der Autos
anpassend
langsam schlendernd
oder hektisch unruhig
vorbeieilend

im Hintergrund
vor einem neuschönen
praktischen Betonbau
stehen zwei junge Bäume
das leuchtende Grün
ihrer Blätter hebt sich ab
gegen das verwaschene Grau
des Asphaltbetonrahmens
obwohl sich diese Bäume
fast nicht bewegen
erscheinen sie mir
als das Lebendigste
in diesem Bild

Drei alte Frauen

Vor Lachen bebten ihre Körper
hoben und senkten sich
große ehemals wohl
lebensspendende Brüste
einmal nicht die
gesellschaftlich verordnete
nur lieb sein dürfende
sogenannte alterswürdevolle
Ruhe
die Worte reichten nicht
der Körper sprach mit
das Leben verschaffte sich
größtmöglichen
Ausdruck
der Bus kam
und nahm sie mit
er ließ ein Stück
Hoffnung zurück

Unsicherheit ist der Preis der Freiheit

oder

wer alles
sicher
wissen will
kann sicher
nicht alles
wollen.

**GEWALTEN-
TEILUNG**

20.01.1982

Heute Morgen durch
die Zeitung wieder erinnert
dachte ich an den 20. Januar
vor vierzig Jahren.
Damals hat man
perfekt deutsch
die Endlösung geplant.
Auf dem Weg zur Arbeit
begegneten mir ein paar
dunkelhäutige Asiaten.
Schlimm, dass ich sofort
wieder an den Morgen dachte.

Asyl 82

Es ist nicht so
dass wir
das Asylrecht
abgeschafft haben.
In unserem
Grundgesetz
steht es
noch.
Wir haben
nur klargestellt,
dass immer noch
wir bestimmen
was Asylrecht
ist.
Im Moment
eben
reichlich wenig.

Beschluss VwGH Stuttgart, A 13 S 641/81

Asylsache Art. 16, Grundgesetz

1. Die Folter
   in der Türkei
   ist allgemeines Phänomen.
2. Politische Straftäter
   werden härter bestraft
   also (s. o.) auch härter
   gefoltert.
3. Nicht nur politische
   Straftaten
   werden mit harter Folter
   aufgeklärt (s. o. Nr. 1).
4. Also ist es egal
   ob jemand
   politisch oder
   sonst
   kriminell
   gefoltert wird.
5. Damit ist der Antragsteller
   kein
   politisch Verfolgter.
6. Richter am VwGH
   Dr. Lutz Köster, Halama

Am Morgen
meldeten
die Nachrichten
es sei nun möglich
den Asylantenstrom
(Wirtschaftsflüchtige)
einzudämmen.
Wann werden sie hinzufügen
im Auftrag
des Führers.

Ko(h)lportage

Wir haben
kein Ausländerproblem!
Wir haben ein
Türkenproblem!
Wir müssen
dies Problem
sauber
lösen!
Dabei denke ich
auch
an die tiefe
alte Freundschaft
mit der Türkei.

Intellektuelle Aufwertung

(Gerücht)
Die Fremdwörter-Redaktion
des DUDEN
soll planen
zu Ehren eines
und eines
Vize-
Kanzlers
das Wort
kollaborieren
mit »h«
zu schreiben.

§ Zeitlos

Wer
als Mensch
sich so verhält
dass der Verdacht
nicht auszuschließen ist
er werde sich
gegen den Staat wenden
ist kein Mensch
im Sinne dieses Staates
und muss damit rechnen
so behandelt zu werden.

Grundgesetz Art. 1 – 5

WÜRDE heute jemand sagen
FREIHEIT und
GLEICHHEIT gäbe es bei uns nicht, so
GLAUBE ich, muss man ihm sagen, dass
MEINUNGSFREIHEIT heute der Appell
                der Herrschenden ist
                von Meinung
                frei zu sein.

Richter in Deutschland

Menschen mit dicken Büchern
als Waffe gegen persönlichen Kontakt
Distanz als Argument
für Unparteilichkeit
Cliquenbildung mit
Gruppenzwang
zur Betonung der Unabhängigkeit
Berührungsangst mit den Gerichteten
führt zu Erfahrungsverlust
der Richtenden
Unvollkommene Menschen
mit der Bürde der Vollkommenheit
schon gelehrt wird
nicht
Verantwortung selbst
zu tragen
sondern
»dem Volk«
mit den Haken
der Paragrafen
anzuhängen.

Amen?

Die einen
sagen sie regieren
mit dem Wählerauftrag
den es aber
nicht gibt.
Die anderen sagen
sie regieren
mit dem Gewissen
das sie aber
nach den einen
nicht haben.
Nehmen wir
einmal an
alle hätten recht
so würden
sie nur regieren.
Aha!

**WIDER
KRIEG**

Entschuldigt

§ 247 Zivilprozessordnung
… (wer) durch Krieg
oder durch
andere Zufälle …

Alte Fassung, heute geändert § 245 ZPO

Ein Abenteuer

Die Argentinier haben tapfer gekämpft
sagte mit ernstem Gesicht der
britische Verteidigungsminister
im Fernsehen
nachdem seine Soldaten
die anderen, zwar tapferen
aber leider nicht unsterblichen Soldaten
zu einem großen Teil
vom Leben zum Tode
befördert
und ihnen erst damit
zur perversen
TV-Huldigung verholfen haben.

Ohne Titel

Hoffentlich kommen
meine Tage
dann geht es mir
wieder besser
sagte sie mir
nachdem einige Stunden
voll spannungsgeladener Nervereien
verronnen waren.
Vielleicht pervers
als ich dabei
an Maggie
und das Blut
»ihrer«
Soldaten dachte.

Kalkül

Erst
10 % Verlust
in sechs Monaten
und dann (vielleicht)
100 % Gewinn.
Eine klare Rechnung.
Oder
mit 20 Millionen
(atomtoten)
Menschen
vielleicht (rund)
200 Millionen (neue)
Amerikaner.

Eine klare Rechnung
Wie ich las
wollten
amerikanische Generäle
die Bombe
jetzt ganz allein
gegen die sowjetische Invasion
in Europa
einsetzen dürfen.
Wenn ich mir das recht überlege
sollten wir
die amerikanischen Generäle
tatsächlich bald
allein lassen.

Der unsterbliche Soldat
Herausforderung an unsere Forscher.
Lösung für unsere Militärs.
Moralische Erleichterung für unsere
Politiker.
Keiner könnte mehr
sagen
den nächsten Krieg würde
niemand
überleben.

Eiskalt wurde mir
ums Herz
als ich hörte
wie amerikanische Waffen
von israelischen Soldaten
gelenkt
durch kein westlich
östlich europäisch
Schutzschild
gebremst
auf tausende von
arabischen Zivilisten
eindroschen und sie
vernichteten.
Sicher
ich habe vergessen
einige paar tausend
bewaffnete Palästinenser
sollten auch sterben
und für einfache klare
Lösungen
hatten die Mächtigen
dieser Welt
schon immer etwas übrig.
Protestieren
und staunen
kann man dann
in den Geschichtsbüchern.

Sieg der Wissenschaft

Hoffnungsvoll
konnte man
im SPIEGEL lesen
wie die Skrupel
des amerikanischen Präsidenten
angesichts eines
von seinen Waffen
durch Israelis
schwerverletzten Babys
durch sorgfältige Recherchen
honoriger Professoren
ausgeräumt
werden konnten.
Das Baby hatte
nur Brandwunden
und seinen
(erwachsenen) Vater
verloren.

Zusammenfassung

sauber
vorbereitet
grausam
kompromisslos
schlägt sie
zu.
Befreit
geknechtetes Land
von Terroristen
zum Wohle
und im Geist
der freien
und nicht
terroristischen
Menschen.

Sie?

Macht der
Armeen
oder Israel,
Amerika, England,
UdSSR ...
(je nach
Tagesform
einzusetzen)

Weggeträumtes »e«

Immer
wider
Krieg

**WELTENTUM
UND
UMWELTEN**

Albträume

Ich sehe
einen von
Säure
zerfressenen Wald
an dessen Ästen
die ersten gehängten
Türken
baumeln.
Fast sanft
bringt
der Wind dann
giftig
radioaktive
Wolken heran.
Doch diese Wolken
verdecken nicht
gnädig
mein Bild.
Sie zerstören
durchsichtig.
Alb
Traum?

Rechenexempel

Wie geht es
von einhundert Prozent
Wählerstimmen
sieben Prozent
abzuziehen
und dann zu behaupten
eigentlich
seien die dreiundneunzig
Prozent
ja allein
einhundert Prozent?
Ganz einfach
man muss nur
mit der Mehrheit
von dreiundneunzig Prozent
den sieben Prozent
Wählerstimmen
ihre Stimmqualität
abwählen
ganz demokratisch.

Umgang der Altparteien mit den neu ins Parlament gekommenen »Grünen«

Es ist eine
Schande
wie viel Arbeit
ein führender
Hersteller
mit seiner Belegschaft
hatte.
Er muss sie
(selbst?)
abbauen.
Die Fabrik
konnte er dagegen
einfach
stilllegen.

(FR 27. 08. 82, Pelikan)

Seiner Zeit voraus

In einem Interview
über bevorstehende Kurzarbeit
wollte
der Interviewer wissen
wie viele Arbeitnehmer
betroffen seien.
Er versprach sich
und frug
wie viele
geschlossen werden.

(Mittagsmagazin, WDR 10. 09. 82)

Perfide

ach, übrigens
ich habe
auch
überhaupt
nichts
gegen Atomkraftwerke.
Leider!

Ob sie es begreifen?
Gewisse
Umweltfragen
seien un-
lösbar ...

Circulus vitiosus

Mieterhöhungen
Strompreiserhöhungen
Fahrpreiserhöhungen
bezahlen wir mit dem Geld
das wir aus der Arbeit
erlangen, die dadurch gesichert wird,
dass wir
Mieterhöhungen
Strompreiserhöhungen
Fahrpreiserhöhungen
bezahlen.
Ist doch logisch,
oder?

Der amerikanische Präsident
sieht die
westliche Demokratie
in Deutschland gefährdet.
Merkwürdig.
Weiß er nicht, dass wir
dieser
Demokratie
gerade ein Denkmal bauen
mit dem Namen
Startbahn-West?

Aufstehen!?

Klar stehen wir auf
gegen Atomrüstung
gegen aggressive
imperialistische Politik
und Politiker
Doch gefährlich wird es
wenn wir das
Aufstehen
propagieren
und die Bewegung
vergessen
Denn diejenigen
gegen die wir
aufstehen
haben keine Skrupel
sich neben uns
zu stellen
um unsere Position
zu verwischen.

ALL-TÄGLICHES

**oder
Ich und Sein
und unsere Erfahrungen …**

Schmerz und Sein

Ich fühle
Kopfschmerzen
Herzschmerzen
Magenschmerzen
also
bin ich.

Schade

Der erfolglose
Versuch
alle Menschen
zu lieben
hat mir
die Erkenntnis vermittelt
wohl auch kaum
von allen
geliebt zu werden.

Gefährliche Nähe

Fast schon
winzig
ist das Insektenwesen
das sich
hektisch mit allen Fühlern
und Gliedern
zitternd
auf meinem Finger
niedergelassen hat.
Ich lache über das
scheinbar planlos
aufgeregte
Minileben,
unterdrücke den Gedanken
es zwischen den Fingern
zu zerstören
und puste es
zum Weiterleben
weg.

Häufiger Irrtum

Eine flüchtige
Bekannte
sprach mit mir
über ihre Geburt.
Erst als sie erzählte
vorher
aufgehört zu haben
zu rauchen
bemerkte
ich
meinen Irrtum.

Ein Wort feiert grandiose Erfolge
Angst.
Die Menschen haben begonnen
hinzusehen
und was sie sehen macht Angst
zu Recht
Doch was machen
die verantwortlichen Herrschenden?
Sie erschlagen das Volk
mit dessen eigener Angst.
Und verkehren so
Ursache und Wirkung.

Das Positive am Magenkrampf

Mein Magenkrampf
ist wie jeder
Krampf
eine äußerst
intensive
und
kraftvolle
Zusammenballung
von Leben.

Verzweifelte Liebe

Eine Frau
sprach von
den Schwierigkeiten
mit der Nazi-Vergangenheit
ihres Vaters.
Sie wisse nichts Genaues
doch der Gedanke
die Vorstellung
allein
lasse sie grausam zweifeln.

Sein oder Haben

Als ich
einer Freundin
erzählte
wie gern
ich sie hätte
erwiderte
sie mir traurig
Du liebst doch
alle.

Verraten

alle einen!
rief er ziemlich
trunken
durch die kleine
Eckkneipe.
Später hörte man
nur noch
all-ein.

Neidisch machen

Kennst du schon das Spiel,
leicht zu spielen,
mit dem Namen
neidisch machen?
Du musst nur so tun,
als hättest du
etwas,
was glücklich macht,
was der andere nicht hat.
Ein neues Auto,
ein altes Auto,
ein großes Haus,
ein kleines Haus,
eine Frau,
keine Frau,
rechte Ideologie,
linke Ideologie,
Geld,
kein Geld.
Das Schöne ist,
man kann dies spielen
bis ins hohe Alter.
Zum Leben
wird man allerdings dabei
wenig Zeit haben.

Ein Zusammenhang?

»Esse« bedeutet
auf Lateinisch
»sein«.
Ich esse zu viel.

Gedicht
nicht nur für Schreibmaschine
(4. Lektion)
sage
es sei
luege
falls er
sage
dies sei
alles

Geburtsschmerz

Lange getragen
aus Leere
und Angst geboren
von schwindenden Kräften
gehalten
dann willenlos frei wogend
fühle ich
halb werdend
halb sterbend
mich entbunden
von einigen Tränen
und meinem
furcht-
baren Stolz.

Selbstmitleid

Unsere Eltern fragen
Was habt ihr nur?
Ihr habt doch
alles
sagen sie.
Wir haben all das
was sie erträumt haben.
Unsere Träume leben zu lernen
haben sie uns nicht gelehrt.

Was
du bist glücklich
fragte irritiert
ein Bekannter
eine Freundin
und sprach
den ganzen Abend
kein Wort
mehr
zu ihr.

Ein Kompliment?

Du
hast das Leben
im Griff
sagte mir
ein Freund abends
auf einer Feier.
Ich war mir
allerdings gar nicht
sicher
ob er
meine geballten Fäuste
gesehen hatte.

No future

Viele Probleme
von
und mit
Erwachsenen
rühren sicherlich daher,
dass sie sich zu
wörtlich nehmen.

Sichtweisen

Es ist erstaunlich
wie schnell
nicht nur
unsere Politiker
Antworten
auf viele Fragen
für unmöglich halten.
Auf meiner letzten Bahnreise
habe ich
einem Blinden gegenübergesessen.
Er las
in einer Zeitung
mit völlig weißen Seiten.

einfach so …

Da erzählt
mir
eine Freundin,
ich hätte mich
in einem ihrer Träume
ziemlich danebenbenommen.
Als ich daraufhin
nachdenklich wurde,
sagte sie,
ich solle
nicht so viel grübeln,
sondern
das Erzählte
einfach aufnehmen.
Hhmm …
erzählt
hat sie,
dass sie von
mir
geträumt hat …

heute, immer?

Gefrühstückt
gearbeitet
Zeitung gelesen
wütend gewesen
gearbeitet
Mittag gegessen
müde
weniger gearbeitet
etwas geträumt
Abend gegessen
etwas gelesen
ferngesehen
gelangweilt
onaniert
relativ wohl gefühlt
geschlafen
immer?
kann doch nicht sein
oder?

Lied des Lebens

wachsen wollen
wachsen wollen
wachsen wollen
wachsen wollen
sterben dürfen
weil man
erwachsen ist.

mal wieder unsicher

Irgendjemand
hat den Titel
einer Gesetzessammlung
»Recht der Abfallbeseitigung«
verändert
indem er
ein »o«
vor »der« geschrieben hat.
Ich überlege
eigentlich nur
ob ein Frage-
oder Ausrufe-
zeichen
dahinter gehört.

Vor einer Stunde war ich
beim Friseur.
Das Abschneiden meiner
fast schon schulterlangen Haare
veränderte mich.
Erstaunlicherweise nicht nur
äußerlich.
Mit jedem abgeschnittenen
Haarbüschel wurde ich
fröhlicher.
Eine winzig kleine
Flucht
aus sonst zu starren Zwängen.

Helfen, aber wie?

Wie oft merkt
Mensch,
dass Helfenwollen
etwas ganz anderes ist
als Helfenkönnen.
Jedenfalls glaubt
Mensch
letztlich nicht zu helfen,
helfen zu können,
weil Mensch nicht
abnehmen kann,
eigentlich auch nicht will
und doch leicht unzufrieden ist,
weil der/die andere
schließlich doch
selbst
tun muss,
wozu Mensch so gerne
helfen möchte.
Aber vielleicht ist
Helfenwollen
schon ein wenig
Helfenkönnen?

Gold glänzt immer

Die Sonne scheint mir ins Gesicht,
wärmt mich und ist doch auch lästig blendend.
Eine Zeit lang ertrage ich diesen Zwiespalt
der Gefühle.
Dann, ärgerlich, wende ich mich ab.
Überrascht stelle ich fest,
es ist immer noch warm,
nur geblendet werde ich nicht mehr.

Jugendfreundschaft

Ungeübte Lebensversuche
mit der Gewissheit
auf trotzdem Liebe.
Erfahrungsgrund
in dem viel von der Kraft
wurzelt
die wir heute
haben und brauchen.

Ein Verdacht

Es dämmert draußen.
Zwischen schon neonhell
erleuchteten Häusern
verlieren die Menschen
ihre Konturen
werden weniger wahrnehmbar.
Die meisten streben
schnell in den Bereich
der hellen Lampen.
Vielleicht aus
Angst vor eigener
Unscheinbarkeit?

Phantasie

Es war dunkel schummrig,
von blinkenden Lampen
künstlich kunstvoll
durchbrochen.
Menschenmassen, gleichgeschaltet
durch eintönig stampfende Musik.
Ich sehe ein junges
recht kleines Mädchen
am Rande der Tanzfläche,
auf der die bewegten Körper
den Verstand durch gefühlte Musik
ersetzt haben.
Plötzlich beugen sich
zwei Männer
zu dem Mädchen.
Schon ältere,
der eine küsst sie
intensiv,
so wie Liebende es tun.

Dann aber
auch der andere,
ebenso.
Doch ihre Mienen
sind teilnahmslos.
Ich bin erschreckt.
Was ist da,
ist das normal?
Oder haben die beiden
das liebe, kleine Mädchen
in der Gewalt?
Noch obskurere
Gedanken
spinnen sich zu
Kurzromanen,
in Sekunden
im Kopf geschrieben.
So lebte ich
für Minuten
in Ab- und Un-Welten,
bis mir wieder
einfiel,
ich hatte gesehen,
wie ein Mädchen
liebevoll küsste.

Konsequent

Schon der Kaffee
floss über das Hemd
statt in die Kehle,
was ich
nachträglich als böses
Omen
empfand,
nachdem während
der Mittagspause
einer dieser ungeliebt
lieben Freunde
mich mit einer
Woge
von klatschtriefenden
Neuigkeiten
gelangweilt hatte.
Abends wollte ich
eigentlich ins Kino.
Ich bin nicht
gegangen,
der Film
wäre sowieso
gerissen.

Gott?

In meinem Aquarium
jagen sich zwei Fische,
dreißig Zentimeter hin,
dreißig Zentimeter zurück.
Ich denke daran, dass ich
ihre ganze kleine Welt
überblicke.
Und plötzlich ist der
Gedanke da,
ob nicht irgendwo
doch jemand
ganz Großes
nach dem Frühstück vielleicht
auf uns schaut
und denkt,
dreihundert Kilometer hin,
dreihundert Kilometer zurück.

Verantwortung

Die Jugend übernimmt
keine Verantwortung,
wird gesagt.
Arbeit, Familie, Kinder,
Kirche und Staat
brauchen die Verantwortung
der Jugend,
wird gesagt.
Die dies sagen
haben wahrscheinlich nie
gefragt,
was
Verantwortung ist.
Irgendwie steckt
Antwort darin.
Keine Antwort
schuldig
bleiben auf die Fragen
aus meinem Wollen
und meinem Handeln,
wird sie wohl bedeuten.
Und doch erlebe ich,

wie es einfacher
und gesellschaftlich anerkannter
scheint,
wenn gearbeitet wird,
ohne zu fragen,
wenn Antworten
genommen werden
von Partnern,
die oft den Namen nicht verdienen.
Wenn Entscheidungen
selbst ungeborenen Kindern
oder so oft ratlosen Priestern
übergeben werden.
Machtgierige Politiker
glauben
so-wie-so
richtig für
ihr Volk
zu handeln.
Sicher können
die für mich richtigen Antworten
anderen nicht gefallen.
Aber reicht das aus,
um schon keine
Fragen zu stellen?

Einsamkeit

Nichts zum Anfassen
kaum zu beschreiben
Der Versuch es zu tun
wird widersprüchlich
Wie kann man
Leere
fühlen
oder
Gefühls-
Empfindungs-
Liebes-
losigkeit
wahrnehmen?
Es ist eher ein riesengroßes
Nichts
aber eins mit
Besitzanspruch

Wir stellen plötzlich fest
wo sonst Leben
egal wie
ist auf einmal
nichts mehr
Irgendetwas nimmt
uns
uns weg
Wir füllen dieses
Nichts
mit Schmerz
Den können wir dann
wenigstens
beschreiben.

Humor

Acht Mark achtzig
stand auf dem Taxameter.
»Schnapszahl«
sagte ich
»macht das Doppelte«.
Ich hätte einen
merkwürdigen
Humor
sagte mein Fahrgast
und gab mir
vier Mark vierzig!

Kleiner Schönheitsfehler

Eine Taxifahrerin
erzählte mir von
ihrem letzten Fahrgast.
Eine junge Dame
sei es gewesen
blond und
sehr schön
sei sie gewesen
richtig wie ein
kleiner Engel
habe sie neben ihr gesessen
und gelächelt
und dann
habe sie ihr
das Auto
vollgekotzt.

… UND DU DAZU

schon falsch

Ich
ist schon
der falsche Anfang
Du
sollte es heißen.
Dir wollte ich sagen
Du wirst geliebt,
von mir.

Wichtige Ärgernisse

Ihre Wut
und mein Ärger
darüber
haben mein
Interesse
bestätigt.

»Merci bien«

Ein Zettel
lag vor meiner Tür,
auf dem
»Gute Nacht«
und
»Merci bien, Andrea«
geschrieben stand.
Ich las ihn
noch einmal
von unten
und schlief
glücklich ein.

Liebeskraft

Dich sehen lässt mich
leichter schöner fühlen.
Dein Lachen hören
lässt mein Herz einstimmen.
Dich arbeiten sehen
gibt mir eigene Kraft.
Schon an dich denken
kann mich fröhlicher machen.

Viel zu klein

Wenn ich
liebe,
sind meine
1,92 m Körperlänge
zu klein
für all das Gefühl,
viel zu klein.

Helga

Der Abend
mit dir
war nicht nur
einfach
schön und angenehm,
sondern
doppelt
gelebte Zeit.

Abschied

Zärtlich streicht die Hand
über die Wange
Eine Umarmung
so fest es geht
Worte die gesprochen
schon vergessen sind
banal, wichtig vielleicht
ihr Klang
zögernd
nicht recht
wahrhaben wollend
erste Trennung
Blicke die schreien
ich weiß, aber ich will nicht
Noch einmal Umkehr
Berührung
plötzlich bewusst lautes
fast hartes
»Mach's gut«

Friedvolle* Ruhe für Kemal Altun

Es ist wohl richtig
den Bundesinnenminister
als Nichtmörder
zu bezeichnen.

Es ist wohl auch richtig
den Bundesjustizminister
als Nichtmörder
zu bezeichnen.

Nach dem Gesetz
(der doppelten Verneinung)
ist es dann wohl auch richtig
im Fall ihres Zusammenwirkens
sie als Nicht-Nichtmörder
zu bezeichnen.

* *Erich Fried erfand nach Kemal Altuns Selbstmord aus Angst vor Abschiebung für Herrn Bundesminister Zimmermann den Begriff »ausgesprochener Nichtmörder«*

Opposition nach der Wahl

Es hat sich
nicht viel
geändert.

Mein Nachbar
dessen Partei
nunmehr Opposition
sein darf
hat den Parteisticker
von seinem Auto
entfernt.

Nach der Feier

Fünfzig Jahre
und ein Tag.
Und ich lese
in der Zeitung*
über einen Minister,
der »unsere«
Oder-Neiße-Gebiete
wiederhaben will.

Fünfzig Jahre
und ein Tag.
Und ich lese
in derselben Zeitung
über einen Minister,
der Journalisten droht,
weil sie ihm nicht brav
genug schreiben.

Fünfzig Jahre
und ein Tag.
Und ich will nicht mehr
in dieser Zeitung lesen
über einen Ministerpräsidenten,
der eine geistige Wende fordert
und von kultureller Entartung redet.

Es sind fünfzig Jahre
und ein Tag vergangen,
ein Tag vergangen …
Ein Tag.

* *Frankfurter Rundschau vom 31. 01. 83 über die Politiker Zimmermann, Geisler, Strauß*

Verdeutlichung

Die Ziele
der Nachwendezeitpolitiker
werden immer klarer.
Am 11. 01. 1983
waren sie sogar
Konkret.

Am 11.01.1983 wurden die Redaktionsräume der Zeitschrift »Konkret« durchsucht. Das Verfahren wurde später eingestellt.

Fragen zu Schuld und Unschuld

Der Rechtsstaat
in unserem Land
funktioniert
so gut, dass
die »Schuldigen«
in seinen Genuss kommen,
sagt die CSU*

Bedeutet dies
nun,
dass die Unschuldigen
darauf verzichten müssen?

* *Abgeordneter Peter Wiedemann, 26.01.1983, Bayern, über die Freisprüche im Nürnberger Massenprozess, bei dem die bayerische Justiz 141 Jugendliche Demonstranten wegen des Verdachts des Landfriedensbruch verhaftet hatte*

Dr. Wipper

Genau vierzig Jahre
bist du alt geworden.
Verzeih
meine ungefragte
Vertraulichkeit.
Ich kenne
dich
erst seit einer Stunde.
Eine Zeitung,
nach dem Frühstück
auf der Durchreise
bei einer Freundin gelesen,
hat dich mir
nachrufend vorgestellt.
Birkhühner hast du
vor dem Aussterben retten wollen
und Natur
überhaupt.
Die,
die so stolz darauf sind,
in Landkreis,
Institut, Ministerium
ihre beherrschbaren Grenzen
zu sehen,
haben dir
vorgeworfen
zu erkennen

Grenzen
als un-
natürlich
zu behandeln.
Vor der Gewalt
deiner Gegner
wolltest du
deine Hühner bewahren,
als du sie befreitest
in der Hoffnung,
sie könnten vielleicht
auch allein
leben.
Du
hattest diese Hoffnung
nicht mehr.

Der Schuss,
mit dem du
dir das Leben nahmst,
ist ein Teil
all der Gewalt
von Grenzenziehern.

Du
wolltest es zeigen
deutlich tödlich,
ohne Natur leben
ist nur mit Natur sterben.

Nachwort zu Dr. Wipper

Auch deine Gegner
werden sterben,
nur
werden
sie
noch länger
nicht gelebt
haben.

Noch einmal?

Die Deutschen
haben Angst
vor Größe.

Die Deutschen
haben Angst
vor Wahnsinn.

Die Deutschen
haben sogar Angst
vor Größenwahnsinnigen.
Darum tun sie
nichts.

Wachsamkeit

Hab acht
vor allzu leichten
Lösungen

Hab acht
wenn dich
die Falschen
loben

Hab acht
wenn du
weniger Fragen
als Antworten hast

Hab acht
wenn du
nicht mehr
an gestern denkst

Hab acht
wenn keiner
mehr sagt
»Hab acht«
sage ich
dir
und du
mir
und wir
unseren Freunden

Gegen das Pflücken einer weißen Rose

Eure brutale Vernichtung
vor vierzig Jahren
soll heute,
vierzig Jahre danach,
das Szenarium bieten
zur Feier des mutigen
aufrechten Widerstandes
gegen allgeduldetes Verbrechertum.

Die Referendare
eurer Richter
halten die Laudatio.
Die Mitläufer
wür(di)gen
sogar offiziell
als »Repräsentanten des
deutschen Volkes«
eure Namen,
ohne dass ihr
eure Würde
verteidigen könnt.

Ihr müsst wachsen
und nicht als Schmuck
gepflückt werden.

Gutachten eines Weisen

Zuerst
hießen sie
Arbeiter

Als die Arbeit
teuer wurde
bezeichnete man sie
als Arbeitnehmer

Als die Arbeit
knapp war
ernannte man sie
zu Arbeitslosen

Wenn die Arbeit
knapp und teuer ist
sollte man sie
Arbeitskäufer
nennen
und den
Regulativen
des Marktes
vertrauen

Von Geschichte und Lüge

Eine wider besseres
Wissen
aufgestellte falsche
Behauptung
ist eine Lüge.

Eine wider besseres
Wissen
wiederholt aufgestellte falsche
Behauptung
ist eine wiederholte
Lüge.

Eine immer wieder
wider besseres Wissen
wiederholt aufgestellte falsche Behauptung
ist eine immer wieder
wiederholte Lüge.

Eine seit langem
immer wieder
wider besseres Wissen
wiederholt aufgestellte falsche
Behauptung
ist als immer wieder
wiederholte Lüge
bald nicht mehr
zu erkennen.

Geisteskrank

Der Patient
muss weiterhin
zwangsweise
untergebracht bleiben
da er
durch die lange
Bewahrdauer
zu einer selbstständigen
Lebensführung
nicht mehr
in der Lage ist.

Dr. Konform

Kurzsichtig

Das Verhalten
vieler Wähler
erscheint mir ähnlich
dem Verhalten
eines Freundes,
der seine Brille
nur allein
im Zimmer aufsetzt.

Die Alternativen
zur doppelten Moral

Kein Funktionär,
der funktioniert.

Keine Macht
gegen die Mächtigen.

Kein Blut
für den Frieden.

Keine Partei
für die Partei.

Kein Trieb
für den Ökologen.

Kein Widerspruch
im Widerspruch.

Kein Mensch
einfach Mensch.

Bewaffnete Gastarbeiter raus aus Deutschland

Als die
BRD
zusammen mit
ihrer US-Schutzmacht
in den Spiegel sah,
erschrak sie
und wandte sich ab,
hatte sie doch
plötzlich
eine SU-Schutzmacht
und (fast) die
DDR gesehen.

Große Worte
mit eigenem Schluss

Wer die Wahrheit
nicht kennt
und lügt
ist ein Dummkopf.

Wer die Wahrheit
kennt
und lügt
ist ein Verbrecher.

Und wer lügt
indem er behauptet
die Wahrheit (von Brecht)
zu kennen
ist ein verbrecherischer
Dummkopf!

Konsequente offizielle Sprachregelung für ein »l«

Was die tausendfach
von Politikern verkündete üge
zu wenig hat,
hat der tausendfach
von Politikern
öffentlich verkündete
Nato-Beschluss
zu viel.

Eine Frage der Prämisse

Wenn Politiker
davon reden,
dass das Volk
mehr an seine
souveräne Kraft
glauben soll,
denke ich
regelmäßig
an die Volksweisheit
»Glauben ist
nicht wissen«.

Guter Grund

Wenn sie dich
fragen
mit der Begründung,
erst wenn sie dich
kennen,
könnten sie für dich
planen,
sag ihnen nichts
mit der Begründung,
wenn sie dich erst
kennen,
könnten
sie für dich
planen.

(Volkszählung 1987)

Grenada

Die Wahrheit
sucht
sich oft
die kleinen Dinge,
um erkannt zu werden.

...

Reiche Menschen
sprechen
von armen Menschen
oft
mit einer gewissen
Ehrfurcht.

Sie betonen dann,
diese Menschen
seien zwar arm,
aber anständig.

Wie gesagt,
mit einer gewissen
Ehr-Furcht.

Begründete Vorurteile

Als Rede
und Schweigen
sich begegneten,
grüßten sie sich nicht.

Jede
hielt den anderen
für den größeren Verbrecher
in der Menschheitsgeschichte.

Müdigkeit

Eine Schneeflocke
sein wollend
leicht schwebend
unschuldig weiß
fallend
und auf schmutzigem
Asphalt dahinschmelzend

Entwicklungsvorgang*

Zuerst liebten wir uns
richtig viel
und fanden dies richtig

Dann liebten wir uns
richtig viel
und fanden dies falsch

Danach liebten wir uns
falsch
und fanden dies richtig

Dann fanden wir
nicht mehr
richtig viel Liebe
und alles falsch

Ja, alles falsch.

nach Erich Fried

Selbsterfahrung

Fühl
dich
wie
mich
wenn
du
lustvoll
schmust

Fühl
mich
wie
dich
wenn
du
gequält
schreist

Norddeutsches »Auf Wiedersehen«

Schon Schiet
son Abschied
bis bald

Fragen ohne Adresse

Sind
heimliche Verehrer
verrückt
weil sie
heimlich
verehren?
Oder sind
es
die Verehrten
weil sie
für verrückt halten
verehrt
zu werden?
Eine verrückte Frage
»Verehrte«.

Literatur

Ein Wort
schon wieder
gelogen.

Einsicht in den Größenwahn

Manche meiner Freunde
sagen mir,
ich müsse mehr
auf das Kleine achten.

Ich sage ihnen
dann:
»Dafür habe ich euch«.

Offener tödlicher Schluss

Wenn Unsicherheit
Angst macht,
müsste Sicherheit
sie beseitigen.

Unser Tod
ist
sicher.

Auch Mist

Erst hatte er Angst
vor Hunden,
da ging er ihnen aus dem Weg.

Dann hatte er Angst
vor Autos,
da ging er ihnen aus dem Weg.

Bald hatte er Angst
vor anderen Menschen,
da ging er ihnen aus dem Weg.

Schließlich hatte er Angst
vor sich selbst,
da musste er sich umbringen.

Selbstbewusstsein

Ich
traue
keinem.

Na ja

Es muss
mir besser gehen

Ich habe
gerade an
Kinder gedacht

Glücklich auch

Wer dir
weh tut
ist ein Schwein
unglücklich
bist du
allein.

Männerfreundschaft

Gar nicht so
anders
(und doch)
als das,
was man
Liebe nennt

Surrogate

Ein Artikel für die Sprachlosigkeit
Aktivität für die Sinnkrise
Ein Gedicht für die Zärtlichkeit
Arbeit für die Muschi

Alle Menschen sind gleich

Es gibt Menschen,
die fühlen sich
besser, schöner, größer
als andere.

Ich fühle mich
besser, schöner und
größer
als die.

Inhalt

Vorwort 7

**GEDANKEN AUFSCHREIBEN
… WAR DIE IDEE** 9
Geliebt werden wollen 11
Der Anruf 12
Freunde 13
Ich bin nicht die richtige 14
lieben 15
Zusammenleben 16
Er war eher 17
Ich kann nicht 18
Sie ist nicht da 19
Hermann 20
Verzeih 21
Zwanzigtausendeinhundertundsechzig
Minuten 22
Geschwister 24
ich liebe euch 25
Meine Angst 26
Eine Woche leben 28
Lernen 29
Morgens in der Uni 30
Prüfung 31
Ist das schön? 32
Manchmal 33
Frieden 81 34

Es geht nicht	35
nachrichten	36
Adventszeit	37
Widersprüche	38
Schweigen	39
Schreiben	40
Blicke	41
Kleinwerden	42
Die Wahrheit	44
warten	45
Gedicht für Gesa	46
Zwei Bäume	48
Drei alte Frauen	50
Unsicherheit ist der Preis der Freiheit	51

GEWALTEN-TEILUNG

20.01.1982	55
Asyl 82	56
Beschluss VwGH Stuttgart, A 13 S 641/81	57
Am Morgen	58
Ko(h)lportage	59
Intellektuelle Aufwertung	60
§ Zeitlos	61
Grundgesetz Art. 1 – 5	62
Richter in Deutschland	63
Amen?	64

WIDER KRIEG

Entschuldigt	67
Ein Abenteuer	68

Ohne Titel	69
Kalkül	70
Eine klare Rechnung	71
Der unsterbliche Soldat	72
Eiskalt wurde mir	73
Sieg der Wissenschaft	74
Zusammenfassung	75
Sie?	76
Weggeträumtes »e«	77

WELTENTUM UND UMWELTEN

Albträume	81
Rechenexempel	82
Es ist eine	83
Seiner Zeit voraus	84
Perfide	85
Ob sie es begreifen?	86
Circulus vitiosus	87
Der amerikanische Präsident	88
Aufstehen!?	89

ALL-TÄGLICHES oder Ich und Sein und unsere Erfahrungen …

Schmerz und Sein	93
Schade	94
Gefährliche Nähe	95
Häufiger Irrtum	96
Ein Wort feiert grandiose Erfolge	97
Das Positive am Magenkrampf	98
Verzweifelte Liebe	99
Sein oder Haben	100

Verraten	101
Neidisch machen	102
Ein Zusammenhang?	103
Gedicht	104
Geburtsschmerz	105
Selbstmitleid	106
Was	107
Ein Kompliment?	108
No future	109
Sichtweisen	110
einfach so …	111
heute, immer?	112
Lied des Lebens	113
mal wieder unsicher	114
Vor einer Stunde war ich	115
Helfen, aber wie?	116
Gold glänzt immer	117
Jugendfreundschaft	118
Ein Verdacht	119
Phantasie	120
Konsequent	122
Gott?	123
Verantwortung	124
Einsamkeit	126
Humor	128
Kleiner Schönheitsfehler	129

… UND DU DAZU

schon falsch	133
Wichtige Ärgernisse	134
»Merci bien«	135

Liebeskraft	136
Viel zu klein	137
Helga	138
Abschied	139
Friedvolle Ruhe für Kemal Altun	140
Opposition nach der Wahl	141
Nach der Feier	142
Fünfzig Jahre	143
Verdeutlichung	144
Fragen zu Schuld und Unschuld	145
Dr. Wipper	146
Nachwort zu Dr. Wipper	148
Noch einmal?	149
Wachsamkeit	150
Gegen das Pflücken einer weißen Rose	152
Gutachten eines Weisen	153
Von Geschichte und Lüge	154
Geisteskrank	155
Kurzsichtig	156
Die Alternativen zur doppelten Moral	157
Bewaffnete Gastarbeiter raus aus Deutschland	158
Große Worte mit eigenem Schluss	159
Konsequente offizielle Sprachregelung für ein »I«	160
Eine Frage der Prämisse	161
Guter Grund	162
Grenada	163
…	164
Begründete Vorurteile	165
Müdigkeit	166

Entwicklungsvorgang	167
Selbsterfahrung	168
Norddeutsches »Auf Wiedersehen«	169
Fragen ohne Adresse	170
Literatur	171
Einsicht in den Größenwahn	172
Offener tödlicher Schluss	173
Auch Mist	174
Selbstbewusstsein	175
Na ja	176
Glücklich auch	177
Männerfreundschaft	178
Surrogate	179
Alle Menschen sind gleich	180